Corrales

Guía Rápida V. 1.0

Diego Molina Ruiz

Diego Molina Ruiz

Corrales

Guía Rápida – *v. 1.0*

Autor: *Diego Molina Ruiz*

Edita: *Molina Moreno Editores*

molina.moreno.editores@gmail.com

Diseño de portada e Ilustraciones: *Diego Molina Ruiz*

Corrales Guía Rápida

Copyright 2015 Diego Molina Ruiz

ISBN-13: 978-1519342416

ISBN-10: 1519342411

Edita: Molina Moreno Editores

Diseño de portada e ilustraciones: Diego Molina Ruiz

diegomolinaruiz@gmail.com

Corrales Guía Rápida – v. 1.0

Primera Edición – 16/11/2015 – Edición Impresa

Serie: Promo – Patrocina: La Tiendecita, Corrales (Huelva)

Edición impresa en papel y ebook disponible en:

www.amazon.com y www.amazon.es

DEDICATORIA

A todo corraleño y amigos de Corrales.
En especial a La Tiendecita como patrocinador.

¡Salud y Ánimo!

Diego Molina Ruiz

CONTENIDOS

PROLOGO

La pequeña guía que tienes ahora en tus manos, es el resultado de varios años de recopilación de datos y pequeños detalles, sobre la población de Corrales, en el municipio de Aljaraque y provincia de Huelva, hemos intentando incluir algunos datos históricos para que te sea más fácil, amable lector, formar una idea de los cimientos de nuestra población de Corrales y de sus gentes. El corraleño fue forjando, a lo largo de todos estos años, un singular carácter abierto, tolerante, colaborador y muy acogedor. Como hemos podido comprobar, todas las familias que por muy diversas razones, hemos llegado al Nuevo Corrales, muchas de éstas personas, entre las que me incluyo, nos sentimos un corraleño más, de adopción en estos casos, pero como un corraleño más.

La primera edición que hoy sale a la luz, tiene un carácter promocional, puesto que ha sido encargada y patrocinada por *La Tiendecita*, situada en la calle San José número 28, muy cerca y en misma cera del Mercado Municipal de Corrales.

Para terminar, espero y deseo, que esta pequeña guía, te sea siempre de utilidad y de tu agrado.

¡Salud y Ánimo!

Diego Molina Ruiz

1 - EL PUEBLO

Corrales es un pequeño pueblo situado junto a la ciudad de Huelva, al suroeste de España, y que pertenece al municipio de Aljaraque. Situado en un lugar privilegiado junto a Huelva la capital de la provincia, separada de ésta por dos puentes sobre el Río Odiel, enclavada en las marismas del Odiel y muy cercana a la playa de Punta Umbría (11 km). Por otra parte, recalcar su entorno natural, pues el pueblo se encuentra rodeado por el Paraje Natural de las Marismas del Odiel, una zona natural de gran belleza e importancia ecológica.

Es una población que se fundó para acoger a los trabajadores de la Compañía Minera de Tharsis que trabajaban en las instalaciones de dicha empresa en torno al Embarcadero de Mineral, el cual servía para cargar los barcos con el mineral traído por un ferrocarril minero desde la explotación de Tharsis. La población se encuentre a una altitud de 10 metros sobre el nivel del mar y el gentilicio de sus habitantes es Corraleño.

Su construcción data del último tercio del siglo XIX, cuando la compañía británica "The Tharsis

Sulphur and Copper Company Limited" tuvo que alojar a gran parte de los trabajadores de las minas de Tharsis. Entre sus inmediaciones se encontraban distintas instalaciones metalúrgicas como una factoría de piritas y el importante Muelle de Tharsis, que daba salida a la ría de Huelva.

Actualmente las instalaciones mineras ya están cerradas, dedicándose la población a otras labores alternativas. Entre sus costumbres ha perdurado el hecho de que en casi todas sus casas, todos los domingos se suele comer puchero.

Debido a su proximidad a Huelva y a que se encuentra en la salida oeste de la ciudad, inmediatamente después de los puentes sobre el rio Odiel, la localidad mantiene buenas comunicaciones con la costa y con Sevilla.

En los últimos años ha aumentado extensamente la edificación en sus proximidades, en una nueva zona la cual ha venido a denominarse Nuevo Corrales y en la que algunos de sus edificios emulan su anterior estilo colonial inglés, que alude al origen de la anterior localidad. Según el Instituto nacional de Estadística, allá por el año 2008 ya tenía una población de 2.095 habitantes, cifra que a día de hoy, es muy probable que se haya visto incrementada, por su actual carácter de zona residencial.

2 - SU HISTORIA

A inicios del primer milenio a.C. comienzan a frecuentar por la ría de Huelva navegantes que, procedentes de alejadas regiones del Mediterráneo y del Atlántico, llegarían atraídos por la riqueza en metales que poseía la cuenca minera onubense. Estas circunstancias convierten principalmente a la propia Huelva en un punto de confluencia e intercambios, aunque también se constata la aparición de núcleos poblacionales más modestos en la orilla derecha del Odiel, que generalmente conjugan una economía directamente relacionada con el medio que le rodea como agricultura, ganadería, pesca... con actividades metalúrgicas a pequeña escala. El hallazgo, en el año 1922, de armas y objetos de bronce extraídos en los dragados de la ría, en las proximidades del Muelle de Tharsis de Corrales, proporcionó un importante lote de materiales que demostraban la presencia en estas tierras de un alto grado de desarrollo cultural, o al menos, con la existencia de unos contactos con los pueblos más civilizados del área citada. En estos momentos se irán intensificando los contactos con griegos y fenicios, como lo demuestran los numerosos hallazgos arqueológicos de la ciudad de Huelva, que algunos investigadores, ya identifican con la mítica Tartessos.

La presencia romana en el término municipal de Aljaraque, entre otros los yacimientos destruidos, como los situados en las proximidades del Antiguo Cuartel de la Guardia Civil y en La Almedina, ambos cercanos al núcleo de Corrales, denotan la presencia de un cordón de pequeños hábitats en la margen derecha de la ría de Huelva dedicados previsiblemente a la actividad pesquera o marisquera y a intercambios a baja escala de mercaderías entre poblaciones como Onuba, Saltés y otras del entorno.

La mayor concentración de minas de la provincia de Huelva se encuentra en la comarca histórica del Andévalo, un espacio de transición entre la Sierra Morena y el litoral onubense. Será a partir del siglo XIX cuando la explotación minera de las cuencas, de la que se tiene ya constancia desde época romana, alcance su mayor desarrollo debido a la demanda europea de cobre y del azufre para la producción de ácido sulfúrico.

La explotación de estos recursos, cobre y azufre principalmente, se realizará en régimen de alquiler o concesión, por capital extranjero, francés o inglés. De esta forma, encontramos los núcleos de Minas de Riotinto y Tharsis como los principales asentamientos ingleses en torno a la industria minera.

A finales del siglo XIX, con el auge de la minería que se estaba produciendo en la provincia de Huelva, vendría a constituir un revulsivo en los modos de vida tradicionales con la instalación dentro del término municipal de Aljaraque, a orillas del Odiel, el núcleo de Corrales, como centro de transformación y carga de minerales de la Compañía de Azufre y Cobre de Tharsis.

La llegada del capital minero francés e inglés provoca que Corrales sea todo un foco de atracción poblacional, pues allí se construirá una factoría de trituración y cribado de pirita para el mineral de Tharsis y un muelle-embarcadero.

En el año 1849 el ingeniero francés Ernesto Deligny registró a su nombre el yacimiento de Tharsis y La Zarza (Calañas). El ingeniero francés tras explorar buena parte de la cuenca minera onubense, solicitó en marzo de 1853 las concesiones de las minas de Tharsis y La Zarza. Y fundó en 1855 la nueva compañía Compagnie des Mines de Cuivre de Huelva. Habiendo constituido ésta reciente compañía, inició con éxito las explotaciones de estas minas trasladando el mineral en carros hasta el puerto de Huelva. Ya entonces previó la necesidad de construir un ferrocarril para trasladar el mineral hasta la ría de Huelva, pero sus problemas financieros le obligan a detener la explotación.

Once años después, en 1866, la compañía francesa alquiló las instalaciones a la compañía escocesa The Tharsis Sulphur and Cooper Company (TOS). Con el ingeniero Charles Tennant al frente, la T.O.S. realizó las labores de extracción de los criaderos de La Zarza, con preferencia por las de cielo abierto, y comenzó los trabajos en el Filón Norte, Sierra Bullones, Filón del Centro, Filón Sur y Corta Esperanza en Tharsis. Una vez que se arriendan las explotaciones a la compañía británica con sede en Glasgow, será ésta la que construya el ferrocarril Tharsis-Río Odiel y también el muelle de embarque de Corrales situado en el centro de la ría frente a la capital, junto con las nuevas instalaciones industriales para la preparación del mineral en Corrales. Así pues, en ese mismo año, se iniciaron todas éstas obras de construcción, algunas tan importantes como la línea de ferrocarril que enlazaría los yacimientos mineros con el puerto de Huelva y también los del muelle cargadero de mineral en la margen derecha del río Odiel en Corrales. A la vez el ferrocarril privado permitió el desplazamiento de viajeros desde los municipios afectados por su trazado hasta Corrales, para posteriormente cruzar el Odiel con destino a Huelva y viceversa. En 1871 ya estaban en funcionamiento a pleno rendimiento todas las instalaciones.

Un año antes la propia Compañía había comprado 1.200 hectáreas de terreno en Aljaraque, el 35% de su término municipal previendo poder establecer aquí un importante enclave para todas sus operaciones de transformación y embarque. Se trataba de las fincas "Dehesa de San Antonio" y la "Dehesa de Corrales". Probablemente dicho topónimo fuera el que acabará por denominar a la población que estaba comenzando a surgir.

Estas nuevas infraestructuras para el transporte y transformación del mineral, ya supusieron un gran aumento en el laboreo de las minas, aumentando la rentabilidad de la empresa y la necesidad de mano de obra tanto en las minas de Tharsis y La Zarza como en las instalaciones industriales de Corrales. Este aumento de población motivará la construcción, en los años 20 del pasado siglo, por parte de la TOS, del poblado minero de Corrales.

Este asentamiento, fue un propósito del ingeniero William Moore para los trabajadores de la industria minera, contaría con la construcción de un total de 335 viviendas, una escuela, un casino, una capilla, un economato, un hospital, un lazareto, una casa de huéspedes y un campo de futbol. A este programa se le añadiría posteriormente un cine-teatro y una iglesia.

Por aquel entonces ya debió existir en Corrales un hábitat más o menos consolidado donde vivirían los obreros que habían participado en la construcción del muelle y en el ferrocarril. Parece ser que éste primer asentamiento corresponde a la actual barriada de El Cabezo donde la aglomeración de viviendas y escaso planteamiento urbanístico denota una ocupación casi espontánea. Dicha localización se iría consolidando a medida que la llegada y embarque de mineral fue en aumento. Por aquel entonces los depósitos de mineral se acumulaban en una gran explanada junto a las mismas viviendas.

En el último cuarto del siglo XIX las vías de comunicación del municipio con su entorno más cercano consistían en dos caminos de carreteras y otros de herradura.

Un primitivo casino, se encontraba situado, en origen, en otra zona de Corrales, junto a las vías y la marisma, edificio que ya posteriormente, y debido al avance de las explotaciones mineras, fue desalojado, construyéndose uno nuevo entre 1916 y 1918, en esta zona del interior y pegada al pueblo, concretamente en el lateral sur de la Plaza Rutherford. Consta que fue en aquella época la primera inscripción de aquel Casino Minero de Corrales en el libro de registro de asociaciones del gobierno civil de Huelva con fecha de 24 de Abril de 1918. Los objetivos y fines con los que la Sociedad Casino Minero se inscribía eran: "La Unión Y El Recreo" de todos sus socios. Años más tarde la inscripción se renovó aprovechando el cambio de estatutos y con fecha de 17 de Mayo de 1941 se volvió a registrar, aunque ahora el único fin fue "El Recreo".

Volviendo unos años hacia atrás, en el año 1922, con la ampliación de las instalaciones hacia el N. surgen nuevas barriadas del poblado minero que se extienden así, por un lado, hacia el N. como una prolongación del barrio El Cabezo, surgiendo nuevos "cuarteles" en la zona de la Plaza Rutherford. Es aquí donde se irán construyendo los espacios destinados a servicios, educación y ocio: como la escuela, el casino minero, la iglesia, el economato...; y en otras zonas al

Sur y Oeste, al otro lado, de las aglomeraciones de mineral, que van apareciendo las barriadas de Casas Nuevas, Triana y San Andrés. En ésta última estaban situados el Hospital y la Serrería.

Igualmente, junto a la estación e instalaciones situadas ferrocarril hacia arriba también existían otros grupos de viviendas para los obreros, aunque cuando se producían períodos de gran demanda de mano de obra se formaban núcleos espontáneos de hábitat en chozas y pequeñas casas a orillas del ferrocarril en la zona de la Almedina y la Zorrera. En estos lugares se asentaron gentes de variados puntos de la provincia y de Portugal.

En estos momentos es apreciable como en los planteamientos urbanos de Corrales se imponen los criterios organizativos de la Compañía Minera, dueña a la postre de todo (terrenos, casas, escuela, iglesia, economato, ganado...). Así de este modo, resulta muy significativa la gran separación entre las barriadas, posiblemente buscando un mayor aislamiento del personal para evitar el asociacionismo obrero, así como favorecer la jerarquización de las viviendas y agrupamiento en función de la categoría laboral de los empleados. Dicha diseminación es la imagen más característica que presentaba la localidad desde el punto de vista urbano.

Mientras tanto, el crecimiento de las exportaciones de mineral fue en aumento por lo que las instalaciones minero-industriales fueron proliferando en dirección Norte por la orilla del Río Odiel junto al trazado del ferrocarril: se construyen el embarcadero del Fraile, el Transportador, la Tolva, la Planta de Trituración, las Grúas del Muelle de Embarque, la Cochera de las Locomotoras, la Central Térmica, los depósitos de Agua, Talleres y Fundición, almacenes, etc. En paralelo, se levanta la Casa de Huéspedes, para acoger la visita de directivos fundamentalmente ingleses, la estación de ferrocarril, el cuartel de la Guardia Civil, el Campo de Futbol, el Cine-Teatro, el Cementerio y un embarcadero-balneario junto al río para uso de los jefes y sus familias.

Desde principios del siglo XX las numerosas quejas de la vecindad, dirigidas a la administración pública por los problemas de incomunicación del término municipal con las localidades más próximas y sobre todo con la capital, junto con la imperiosa necesidad de llevar el agua del rio Piedras a Huelva y su gran polo industrial, finalizarían con la puesta en funcionamiento del puente sifón de Santa Eulalia sobre el río Odiel en el año 1969.

El comentado periodo de crecimiento, se extendió desde los años 1920 hasta final de los años 1960, a partir de los que comienza un descenso paulatino de las exportaciones, lo que ocasionará la inminente caída del empleo y los años de crisis hasta que a final de los años 1980, prácticamente, ceso la actividad.

Hasta esta década estuvo en funcionamiento el ferrocarril minero que llegó a tener 53 locomotoras a vapor y contó con servicio de viajeros. De este modo servía de un nexo de comunicación entre las zonas mineras de Tharsis y La Zarza con la capital de la provincia.

A finales de los años 1990 se entra en una fase de liquidación y expolios del patrimonio de la Compañía que termina con la lamentable eliminación de casi todas las instalaciones, verdadero patrimonio de la localidad. En la actualidad subsisten sólo una serie de elementos aislados como el Muelle de la Compañía de Tharsis, declarado Bien de Interés Cultural. Otros están siendo ya inventariados para su Inscripción con el Carácter Genérico en el Catálogo General del Patrimonio Histórico Andaluz de los Bienes Muebles e Inmuebles de la Compañía de Tharsis, como es el caso de la Casa de Huéspedes, Central Térmica, Estación, Cine-Teatro, trazado del ferrocarril, grupos de viviendas, campo de futbol, etc. La crisis de la minería ha dejado obsoleto este complejo industrial que bien podía ser aprovechado para el turismo.

*Fuente: Asociación Cultural Kalathous http://www.kalathoussa.org
(Datos referentes a la población de Corrales perteneciente al término municipal de Aljaraque en la provincia de Huelva)*

3 – LOS PUENTES

Puente-sifón Santa Eulalia

Es un puente construido sobre el Río Odiel que permite la salida y entrada de la ciudad de Huelva a través del río y las diferentes islas sobre las que pasa hacia Corrales. Su estructura sustenta asimismo una serie de tuberías de agua con destino a la ciudad y del Polo Químico de Promoción y Desarrollo de Huelva. Con sus más de 2.000 metros fue durante varios años considerado el puente más largo del país.

Su origen data de la imperiosa necesidad de suministrar agua a la zona industrial ante su ingente demanda. Así pues, por aquellos años, se necesitaba que un gran río artificial condujera las aguas desde nuestro Andévalo, que atravesando gran parte de la provincia, proveyese todo el líquido elemento que nuestra Industria necesitase.

Para lograr el acueducto, primeramente se pensó que las tuberías atravesasen el río apoyadas en su fondo. Pero, siendo éste cenagoso, la tarea sería complicada y que a la larga acarrearía continuos problemas. Entonces fue Jacinto Pellón, (ingeniero de la Empresa Dragados y Construcciones, SA) quien apuntó que el acueducto viniese sobre la superficie del río que, como función secundaria llevase en su parte superior una losa o tablero que sirviera de piso a una carretera; la tubería, en vez de ir encima de dicha losa o tablero iría por debajo De ésta forma, se estimó que resultaría más adecuado realizar una acometida en acueducto sobre el río que bajo este.

La excelente idea fue aceptada con entusiasmo por todos los miembros de la Confederación Hidrográfica del Guadiana (el ente encargado de las obras del futuro acueducto) y por los técnicos de la empresa adjudicataria de las obras (en este caso fue Dragados y Construcciones, SA), y así se hizo.

Así, el puente era una instalación más de todas las que permitían agilizar los suministros entre el puerto y el exterior. Fue inaugurado por el entonces ministro Federico Silva Muñoz, el día 19 de marzo de 1969, sobre las 13:15h de la tarde, lo inauguró (aun cuando ya estaba prestando servicio con anterioridad) la traída de aguas desde el embalse del río Piedras a nuestra capital la ciudad de Huelva, y fue denominado como el Puente-Sifón.

Este Puente-Sifón suministra agua a una población de más de 170.000 habitantes: abastece a Huelva capital, Palos de la Frontera, Moguer y San Juan del Puerto, así como a las actividades industriales del futuro Polo de Desarrollo y a las agrupaciones de regantes de Palos y las comunidades de regantes de Valdemaría y del Fresno. Y además, en períodos de sequía se abastece la comarca de la cuenca minera, y, en ocasiones, parcialmente Ceuta y Cádiz, mediante barcos que dependen de este acueducto.

Como casi siempre suele ocurrir en éste tipo de infraestructuras, el presupuesto inicial para estas obras originalmente ascendía a cuatrocientos millones de pesetas. A posteriori, esta cantidad se incrementó ampliamente al modificarse los planos aprobados en sus primeros momentos.

En el día 7 de marzo de 1971, Joaquín Sánchez Valverde, presidente de la Audiencia de Badajoz, hombre muy vinculado a nuestra provincia, solicitó que se le diese al puente el nombre de Santa Eulalia, como un detalle más de unión entre Huelva y Extremadura (al ser la santa de Mérida compatrona de Almonaster la Real). A mediados de octubre de ese mismo año, el presidente de la Diputación y el alcalde de la capital acogieron la solicitud. En adelante se llamaría *Puente-Sifón de Santa Eulalia.* Ni que decir tiene que la noticia causó un júbilo indescriptible en la bella Almonaster la Real y también en una gran parte de extremeños.

Este puente, dependiente de la Confederación Hidrográfica del Guadiana, ha dado un óptimo resultado a gran parte de la provincia de Huelva.

En los primeros meses de 1978, la entrada y salida del puente de Santa Eulalia recibió, tras muchas críticas, el necesario replanteo y nivelación de sus accesos.

A partir de 1993, con la inauguración del segundo puente, paralelo a éste aunque dedicado únicamente al paso de vehículos, este puente-acueducto pasó a un segundo plano. Hasta que en junio de 1999, el puente-sifón quedó fuera de servicio, ya que una de las pilas se estaba asentando de una forma alarmante, esto es, estaba bajando de nivel y era preciso acometer una actuación de urgencia, con el objeto de realizar una nueva cimentación. En octubre de ese mismo año, ya estaba reparada la cimentación, y la ingente densidad de tráfico en la zona obligó a que fuese abierto al tráfico compartiendo espacio con un nuevo carril para bicicletas.

En septiembre del año 2006, el Puente-Sifón fue embestido por el buque Clipper Point, poco antes de su botadura en los Astilleros de Huelva, sufriendo la construcción un serio revés.

En los últimos años, el puente-sifón hace mucho más fluido el tráfico hacia la ciudad de Huelva.

Nuevo puente sobre el Odiel

El día 6 de Julio de 1993 fue inaugurado el segundo puente sobre el Río Odiel, por Manuel Chaves (Presidente de la Junta de Andalucía). Con más de 19 metros de ancho y sus 2.022 metros de longitud lo convierten en el puente más largo de España.

Comenzó a construirse en el primer trimestre de 1991, y su presupuesto superó más de los 4.000 millones de las antiguas pesetas, (algo más de 24 millones de euros). Las obras de una forma acelerada permitieron construir una media de 40 metros por semana.

Una vez concluido se invirtieron algo más de 70 millones de pesetas (unos 21.000 euros) para la regeneración medioambiental de la marisma del Odiel. Durante los primeros meses de verano, superó una media de 40.000 vehículos diarios, una de las más altas de España. Sus dos carriles en ambos sentidos, permitieron ya descongestionar en gran medida la circulación de los fines de semana y durante los meses de verano.

La construcción del nuevo puente sobre el río

Odiel fue la obra más importante de las acometidas en el acceso Oeste a la ciudad de Huelva. Con él quedaba en su momento, solucionada la insuficiente capacidad del puente-sifón Santa Eulalia, para atender el intenso tráfico ya existente en la zona, por aquellos años.

Diego Molina Ruiz

4 - SUS FIESTAS

Destacan las fiestas patronales en honor al apóstol San Pedro que se celebran el día 29 de Junio. Y la romería a principios del mes de mayo, ésta de gran importancia en la provincia de Huelva en honor a San José obrero.

Fiestas patronales en honor a San Pedro

Estas fiestas patronales nacen de la onomástica de un jefe inglés de la Compañía de Minas, a la que invitaba a sus empleados y a algunos otros obreros.

En sus comienzos ya eran sufragadas por los habitantes de este pueblo, teniendo un carácter familiar y siendo apoyada por la empresa cuando éstas se fueron consolidando. Y entre los años 50 y 60 ya tienen su mayor esplendor, comenzando a apoyar económicamente también el propio Ayuntamiento de Aljaraque.

Tal fue el señalado apogeo, que invitaba a muchos choqueros (habitantes de Huelva), a disfrutar de estas entrañables fiestas desde la otra orilla del río Odiel, incrementándose en gran medida, el número de las canoas que atravesaban la Ría para acercarse hacia Corrales y disfrutar del Festejo.

Estas fiestas se han mantenido por el esfuerzo de los propios ciudadanos y ciudadanas que han sabido localizar en ellas una seña de identidad propia de sus circunstancias laborales y de la procedencia de sus habitantes.

Romería de Corrales

En los albores de cada primavera, Corrales se prepara para acudir puntual a la cita festiva que, quizás sea, junto a las fiestas patronales en honor a San Pedro, la más importante del año.

Los orígenes de esta Romería, según la tradición oral, se remontan a una forma asociativa espontánea, cuyas primeras manifestaciones se sitúan en torno a la década de los años 20, cuando las familias de esta localidad organizaban anualmente, en la festividad del primero de mayo, una convivencia campestre en el lugar conocido como "La Casa del Río".

Con posterioridad, en la década de los años setenta, durante el ejercicio de D. Jesús Corrales como párroco titular, y enmarcada dentro de las prácticas religiosas propias de la época, se comienza a celebrar la Romería de San José Obrero coincidente con la misma festividad del día del trabajo y en el lugar mencionado.

Más tarde, en el mes de Abril del año 1978, se constituye la actual Hermandad, incorporándose al culto, junto con San José Obrero, la imagen de Nuestra Señora Reina del Mundo, Titular de la Parroquia de Corrales. Dicha Imagen, talla del insigne imaginero ayamontino León Ortega, acapara la devoción mariana propia de la idiosincrasia andaluza y comienza a salir de Romería junto a San José Obrero.

Desde 1978, la Hermandad se ha encargado, sin

interrupción, de articular el funcionamiento de éste colectivo, organizar la tradicional Romería y adquirir las insignias y símbolos distintivos que constituyen su patrimonio.

En el transcurso de estos treinta años de caminar romero, ha rescatado y salvaguardado las señas de identidad y valores autóctonos, manteniéndolos vivos en la memoria colectiva, y asumiendo un rol activo en la conservación y la transmisión de estas tradiciones a las nuevas generaciones.

La romería en Honor a Nuestra Señora Reina del Mundo y San José Obrero se celebra el primer fin de semana de mayo, en torno a la festividad de San José Obrero. En los últimos años ha adquirido ya un importante desarrollo, que se va traduciendo en una incipiente relevancia en el calendario romero de la provincia. Aunque la fiesta conserva su impronta original, algunos han sido los cambios que han condicionado su actual formato, siendo sin duda, el más significativo, el obligado traslado desde su primitiva ubicación en el añorado paraje conocido como "La casa del Río", hasta su enclave actual en el recinto romero de "Los Azahares".

Entre aquellos actos organizados como preludio a nuestra fiesta, cabe destacar el Pregón, la gala de Presentación, el Triduo, la salida procesional de la imagen de San José Obrero por las calles del pueblo o la multitudinaria ofrenda floral a nuestros Titulares en la tarde de vísperas.

Pero, nada es comparable al momento en el que, en la mañana del sábado, tras la misa de romeros, el paso de nuestros Titulares asoma por el pórtico de nuestra Iglesia. Emociones contenidas, voces claras que entonan plegarías, aplausos, vivas espontáneos, salva de cohetes, lluvia de flores, ilusión de hombros jóvenes y hombros curtidos que se abrazan a las andas que portan una devoción antigua, para compartir la esencia de sus creencias, corazones limpios que guardan recuerdos, vivencias, anhelos y promesas. Y a partir de ahí... el camino. Trajes de volantes, Cantes, flores en el pelo, guitarras y tambores, trajes de corto, palmas y copas entre amigos, hasta llegar a esa Ermita en "Los Azahares" , que Corrales construyó para cobijar a Santa María Reina del Mundo y a su Santo Obrero.

Las peñas, reuniones familiares o de amigos, abren sus puertas, haciendo gala de esa hospitalidad tan corralera, siempre dispuestas a compartir su alegría y su rica y variada gastronomía con todo aquel que quiera acercarse.

En el transcurso de los dos días en los que las Imágenes permanecen en el campo, se suceden los actos festivos y religiosos, entre los que destacan por su emotividad la entrada y la salida de la Hermandad en el recinto, el rosario de antorchas en la medianoche del sábado, la misa de Romeros, la ofrenda floral de las peñas, el almuerzo de convivencia y como no, la subasta de flores que alcanza su momento álgido en la Puja por la Vara de Hermano Mayor.

Días, en definitiva, en los que el pueblo es protagonista de una fiesta única y diferente, en los que se muestra tal como es, a través de su singular manera de vivir y sentir la Romería.

Finaliza la fiesta, el domingo por la noche, cuando las Sagradas Imágenes, tras recorrer el camino de vuelta, hacen su entrada en la Parroquia, en una noche adornada de fuegos artificiales, a los sones de la salve entonada por los romeros y la emoción desbordada siempre de sus costaleros. Y en definitiva, al terminar el poder recordar, cuanta emoción escondida en la memoria y cuanta vivencia concreta en la emoción de cada uno de sus participantes.

Diego Molina Ruiz

5 – SUS LUGARES

Entre sus lugares de interés, es digno de visitar el teatro cinema-Corrales construido por los ingleses antiguos propietarios de las minas de Tharsis. Su pueblo en sí es un verdadero monumento. Pese a ser un núcleo pequeño, Corrales cuenta con varias barriadas, una de las más significativas es la barriada de Villa Cisneros, la cual está formada por un conjunto de casas típicas inglesas de planta baja colocadas en forma circular rodeando la plaza central. También podemos visitar en todo su entorno, la naturaleza en su estado puro de las majestuosas Marismas del Odiel.

Por otra parte, de entre los otros muchos lugares de interés, vamos a destacar y aconsejar las visitas turísticas siguientes:

Belén Viviente En Corrales (Cuando llega Diciembre desde el año 2007) muy recomendable y digno de ser visitado cada año, como antesala de las fiestas navideñas.

La escenificación abarca un área de más de 3.000 metros cuadrados, en donde participan numerosos vecinos del mismo Corrales y de otros núcleos como

La Dehesa, Bellavista o Aljaraque.

Se trata de uno de los pocos belenes vivientes, que acontece al aire libre, integrándose a la perfección con el entorno natural, abarcando diversas áreas como el Teatro Cinema, la plaza Rutherford y, en general, todo el espacio comprendido entre el Casino Minero y el teatro.

Casas, comercios, huertos, talleres, calzadas, antorchas, etc., componen la escenificación artística que conforma el belén, junto con la puesta en escena de agricultores, panaderos, pescadores o artesanos, dando vida a una representación que nos remite a tan señalada época de la historia.

Correo Electrónico: belenencorrales@hotmail.com
Asociación Cultural Belén en Corrales Plaza del Economato nº 1 (21120) Corrales (Huelva)
Email de la Asociación:
belenencorrales2012@gmail.com
WhatsApp de la asociación: 620826591.
En la Web:
http://belenvivienteencorrales.blogspot.com.es/

Salvo cambios propuestos y anunciados por la misma asociación, puede visitarse durante los fines de semana de diciembre en el siguiente horario:
Sábados: 17:30 a 21:00 horas
Domingos: 11:30 a 14:00 horas
Las representaciones del Belén están sujetas a las condiciones climáticas, dado que todo el recinto del Belén está al aire libre.

La entrada y visita es gratuita, si bien, la mayoría de los visitantes podemos dejar un merecido donativo (a voluntad).

Teatro Cinema Corrales

Inaugurado en Febrero del año 1953 por W.H. Rutherford II, Director de la Compañía de Azufre y Cobre de Tharsis Ltd. Inicialmente el Cinema Teatro contaba con dos palcos reservados exclusivamente para los directivos de la Cía., autoridades e invitados.

Otras fuentes consultadas, reflejan los siguientes datos: *El Teatro Cinema Corrales, fue comenzado a construir en 1953, por los trabajadores de la Compañía Minera, inaugurándose en 1954, con la película Mogambo.*

Abandonándose a principios de la década de los ochenta, fue reinaugurado en noviembre de 2002 tras su restauración por medio del proyecto de Escuela Taller "San José Obrero", entre los años 1998-2000.

Casino Minero de Corrales

En 1918 inició sus actividades el Casino de Corrales, centro cultural y recreativo construido por la Cía. de Tharsis, dotado de una excelente biblioteca, se construyó para que sirviera de entretenimiento a los obreros que trabajaban en la compañía.

Este casino de los trabajadores de Corrales se encuentra situado en la plaza Rutherford, a pocos metros al noreste de la iglesia del pueblo.

Dedicado a la unión y el recreo de todos sus socios, esté edificio, de una única altura, planta en forma de U, y dimensiones aproximadas a 26x30m., está construido con muros de fábrica de ladrillo revestidos y encalados, con cubierta a dos aguas. Al exterior, los huecos, de grandes dimensiones y proporciones verticales, se distribuyen de forma homogénea a razón de 10 huecos en la fachada principal.

Sus dependencias: salón, biblioteca, comedores,

cocina, sala de prensa, sala de billares, sala de juntas, aseos y otras dependencias, se distribuye en torno a un patio trasero de grandes dimensiones.

La Sociedad Casino Minera es de propiedad privada, con uso recreativo-cultural. Se conserva en perfecto estado. En su interior, la biblioteca fue restaurada por el módulo de carpintería de la Escuela Taller San José Obrero II, entre los años 2002-2003.

El casino de trabajadores de Corrales es un referente identitario del pueblo entorno al cual se siguen celebrando verbenas y demás festejos. Es además, junto a edificios como la iglesia, el teatro cinema, la casa de pagos, etc.; una pieza indispensable del conjunto de elementos que definen la zona minera de Corrales como parte integrante del proceso de extracción, transformación y transporte inherente a la actividad de las cuencas de Tharsis (Alosno) y La Zarza (Calañas) que se extiende hasta el litoral onubense en Corrales (Aljaraque), conformando el importante sistema minero Tharsis-La Zarza-Corrales.

Oficina de Pagos de Corrales

Se trata de un edificio aislado, construido en el año 1918, por la Cía. de Azufre y Cobre de Tharsis, Ltd. Tiene una longitud de 7,80 m. y una anchura de 4,50 m. ocupando una superficie de 35 m2, en una sola planta. Se utilizaba para pagar los salarios del personal de la citada Compañía, de ahí su nombre: Edificio de Pago o de Pagos.

Nuestra Señora Reina del Mundo de Corrales

La parroquia de Ntra. Sra. Reina del Mundo fue erigida por decreto episcopal de 1 de noviembre de 1959, desmembrada de la de Aljaraque. Pero ya había sido levantado el templo en 1956, gracias a la Compañía de Minas de Tharsis, según planos del arquitecto Juan Manuel Rodríguez Cordero.

Consta de una sola nave, cubierta con bóveda de cañón rebajada, compuesta por cinco tramos, cada uno de ellos con sendos óculos. El presbiterio se cubre con una bóveda transversal, de lunetos sobre trompas. A los pies del lado de la epístola, se abre la capilla bautismal, hoy dedicada a la titular, Nuestra Señora Reina del Mundo. En el lado del evangelio se sitúa el acceso a la escalera que sube al coro alto. A los pies, en el coro alto, se abre un óculo circular cuya vidriera ostenta un Cordero apocalíptico. La sacristía queda situada en la cabecera, al lado del evangelio. También, adosada a la cabecera, se halla situada la casa parroquial.

El exterior muestra un conjunto de notable gracia y armonía. La fachada está compuesta por una portada de arco rebajado, abocinada, que enmarca la puerta de ingreso. Sobre ella se eleva una espadaña de dos cuerpos. Los muros llevan contrafuertes que se corresponden a las lesenas del interior, en alternancia con lo ósculos. Finalmente tras el brazo de crucero, en tau (T), se sitúa la casa parroquial, de dos plantas.

Los bienes muebles son todos recientes. Hay que destacar la Virgen de las Mercedes, imagen dolorosa para vestir obra de Bonilla; y el Señor Cautivo, escultura de Antonio León Ortega, de 1958.

La pila bautismal, de granito gris verdoso, con aplicaciones metálicas, es de una interesante traza, colocada en 1955.

En el lado de la epístola, el altar del Corazón de Jesús, imagen de Antonio Castillo Lastrucci, anterior a 1945 y proveniente de la parroquia de Ntra. Sra. de los Remedios de Aljaraque

Altar de Santa Bárbara, escultura en una madera policromada, de Antonio León Ortega, 1957.

En la antigua Capilla bautismal, es venerada la imagen de la titular del templo, Nuestra Señora Reina del Mundo, obra de Antonio León Ortega, del año 1958.

De estilo similar a otras edificaciones construidas en los siglos XIX y XX en las numerosas poblaciones mineras de la provincia de Huelva, tiene en la iglesia de Santa Bárbara, de la población minera de Tharsis, una construcción de características casi idénticas.

Estación de ferrocarril de Corrales

Edificio construido por la compañía de azufre y cobre de Tharsis Ltd. en 1920, como punto de partida de la línea que las unía con las minas de Tharsis y de la Zarza y que han estado funcionando hasta 1999.

Recientemente restaurado por medio del proyecto de la Escuela Taller "San José Obrero II", promovido por el Ayuntamiento de Aljaraque, de una gran belleza e importancia en la sensibilidad y percepción cultural de los vecinos de Corrales ha sido la Estación del Ferrocarril Minero "Río Odiel", en dicha restauración se ha conservado toda su fachada y muros exteriores originales, siendo demolido todo el interior del edificio, para posteriormente levantar dos plantas con un nuevo forjado.

En la actualidad dicho edificio alberga una de las dependencias municipales del propio Ayuntamiento de Aljaraque para atender de la forma más directa a la ciudadanía en este núcleo de población de nuestro término.

Central Térmica de Corrales

Es todo un impresionante edificio industrial, de tipología de la segunda mitad del siglo XIX, en el que, en la actualidad, todavía se conserva la estructura y la majestuosa chimenea, habiendo ya perdido todo su mobiliario. En esta central térmica se disponía de dos turbinas de vapor producido por carbón (resto del cual todavía se observan en las tolvas del interior del edificio) que generaban la suficiente electricidad para poder suministrarla a todas las instalaciones mineras del núcleo, así como a todas sus viviendas, incluso algunos años antes de que la cercana capital de la provincia dispusiera de ella.

Ermita de Corrales

De construcción reciente situada en Corrales, dedicada al patrón de Corrales San José Obrero. Aquí tiene lugar cada año la romería el primer fin de semana de Mayo. Durante toda la Romería los/as peregrinos/as pueden venerar las imágenes de San José Obrero y Nuestra Señora Regina Mundi colocados en el interior de la Ermita. La Ermita está dotada con cinco campanas dedicada a los cinco continentes. Europa, África, América, Asía y Oceanía.

El Muelle de la Compañía de Tharsis

Se trata de un muelle-embarcadero comercial de desembarco de material minero sobre el río Odiel en la población de Corrales en el término municipal de Aljaraque en la provincia de Huelva, España.

El muelle se construye para dar salida a la ingente cantidad de material minero que durante el siglo XIX y principios del XX llegaba procedente de las cercanas minas de la Cuenca Minera de Huelva.

Numerosas eran las empresas que explotaban estas minas, como la "The Tharsis Sulphur and Copper Company Limited", que explotaba la zona de Tharsis y La Zarza y que necesitaba construir una estructura que permitiese la descarga de material en los barcos de la ría de Huelva de manera rápida y eficaz. Para ello, como hará pocos años después la Rio Tinto Company Limited, opta por construir este muelle-embarcadero.

En el año 1866 Ernest Deligny encarga el diseño al ingeniero escocés William Moore, que junto con James Pring, lo tendría listo para poner en servicio en 1871. Este diseño, puntero en la Europa del siglo XIX, incluía una serie de pilotes de fundición en color negro que soportaban la estructura del muelle y la diversa maquinaria encargada de toda la descarga de vagones a lo largo de 900 metros. La parte final, en curva a la derecha, se bifurcaba en diferentes muelles. En 1915 el ingeniero William Arrol acomete una importante reforma del muelle para hacerlo más funcional, agregando un nuevo brazo a la estructura. Se accedía a él a través de puente con oficina ya desaparecido.

En 1992 se cierra, por lo que durante dos años el puente permanece abandonado y gran parte de sus elementos se van a ir perdiendo o deteriorando de manera significativa, entre ellos el embarcadero diseñado por Arrol. Es en 1994 cuando se consigue frenar el lento desguace al que se está sometiendo el puente. Tres años después es declarado Bien de Interés Cultural aunque su estado de conservación es crítico y más a raíz de un incendio en 2003.

En Corrales popularmente se conoce el muelle como "El Puntal de la Cruz", aunque dicho nombre pertenece a todo el entorno de marisma del pueblo cuya cara da al río Odiel.

Actualmente no es visitable pero puede ser visto desde el Puente Sifón que une la ciudad de Huelva con Corrales.

Fuente: Datos de la Consejería de Cultura. Orden de 14 de octubre de 1997 (2004). "Inscripción en Catálogo General del Patrimonio Histórico Andaluz del Muelle de Carga de la Compañía de Tharsis". B.O.J.A. nº 122 de 18 de octubre de 1997.

6 – SU CULTURA

Cultura (en latín: *cultura*, se refiere a *cultivo*) es un término que puede tiener muchos significados interrelacionados. Aspectos culturales en Corrales se han visto reflejados a lo largo de todos y cada uno de los apartados anteriores. En este apartado nos vamos a centrar en los centros educativos y de deportes presentes en Corrales.

<u>Centros Educativos</u>:

C. E. I. P. "Profesor E. Tierno Galván"

Código: 21000048

Dirección: Casas del Río, s/n

Localidad: Corrales - 21120

Teléfonos: Secretaría/Dirección: 959524927

Edificio Educación Primaria: 959524927

Edificio Educación Infantil: 959524927

Fax: 959524926

Página Web: www.colegiocorrales.es

Correo electrónico:

21000048.edu@juntadeandalucia.es

Sede del AMPA: C.E.I.P. Tierno Galván

e-mail: ampaorillasdelrio@gmail.com

El **edificio de Educación Infantil** se reparte en dos plantas y con un total de 11 aulas ordinarias, aula de psicomotricidad y un aula de Audición y Lenguaje.

También encontramos en este edificio el comedor escolar, varios departamentos y almacenes, aulas de pequeño apoyo y recursos, conserjería y de servicios adaptados al alumnado de Educación Infantil.

Desde el curso escolar 2012-2013 contamos también en este edificio con los despachos de los cargos directivos del centro: Dirección, Jefatura de Estudios y Secretaría.

Todas estas instalaciones se completan con dos patios de recreo, uno de ellos con pista polideportiva y gimnasio cubierto.

El **edificio de Educación Primaria** se reparte en dos plantas y con un total de 13 aulas ordinarias, aula de Educación Específica (ubicada aquí desde el curso escolar 2012-2013), un Aula de Apoyo, un Aula de Pedagogía Terapéutica, Despacho de Orientación y Aula de Atención Educativa. También encontramos en este edificio una conserjería.

Recordar que estas instalaciones, se completan con los dos patios de recreo, uno de ellos con la pista polideportiva y gimnasio cubierto.☐☐

I.E.S Juan Antonio Pérez Mercader
Dirección postal.
C/Boulevard del Ferrocarril, 2
21120 CORRALES-ALJARAQUE.
HUELVA – ESPAÑA.
Teléfonos: 959524971 – 959990086 671536007 - 600162003
Fax: 959524972 - 959990086

Email: iescorrales@hotmail.com
21700551.edu@juntadeandalucia.es
AMPA EL EMBARCADERO I. E. S. JUAN
PÉREZ MERCADER
Tfno:_959524971
ampa.ies.perezmercader@gmail.com

El nombre de nuestro Instituto se gestó en
el Parque Nacional de Doñana, en la primavera de
1999, durante el "II encuentro de escritores del
Entorno de Doñana".

Tras poder escuchar a Juan Pérez Mercader en su
interesante conferencia, "¿Es matematizable el Medio
Ambiente?", Juan Antonio Guzmán, antiguo profesor
del I.E.S. y poeta del Entorno de Doñana, le propuso
en el Palacio de las Marismillas, a nuestro sin par
astrofísico, que aceptase la nominación de nuestro
recién creado Instituto de Secundaria con su nombre
y apellidos. Juan Pérez Mercader, con un peculiar
gesto de asombro y casi repulsa dijo: "¿Por qué yo?,
eso es cosa de poetas y artistas", a lo que el
interlocutor le respondió: "pues, precisamente por
eso, queremos que nuestro IES tenga el nombre de
un científico de nuestra tierra; y además, de Juan a
Juan, no quiero que a mis alumnos les ocurra lo que a
nosotros, ¿recuerdas?: pensábamos que los científicos
y literatos no existían o sólo aparecían en los libros".
"No sigas, acepto", contestó Mercader.

La propuesta la elevó Guzmán al Claustro de
Profesores y, una vez aprobada por unanimidad, se
trasladó al Consejo Escolar, donde se ratificó con
entusiasmo por todos los representantes de la
Comunidad Educativa.

Una vez publicado en BOJA el día 4 de Mayo de

2000, se inauguró el IES con la asistencia del Excmo. Sr. Delegado Provincial de Educación y Ciencia, el Excmo. Sr. Alcalde de Aljaraque, y el Vicepresidente de la Excma. Diputación Provincial de Huelva, así como diversas personalidades de las Ciencias, Letras, Artes y Educación, que acompañaron a Juan Pérez Mercader en el descubrimiento de un azulejo en la entrada del IES, donde se inscribió la siguiente frase de nuestro genial Astrofísico: "La complejidad de la superficie es muestra de una simplicidad profunda"; cita que sirvió para abrir una conferencia en el casino de nuestra localidad, Corrales, titulada "¿Qué sabemos del Universo?".

Posteriormente el IES se trasladó a unas nuevas instalaciones, las cuales fueron inauguradas por el Consejero de Educación, Francisco Álvarez de la Chica y por el propio Juan Pérez Mercader el 20 de Diciembre de 2010.

Complejo Deportivo de Corrales

Es nuestra instalación más moderna y completa. Consta de un pabellón cubierto con una pista polideportiva (fútbol-sala, baloncesto, etc.), dos pistas de tenis, una pista de fútbol-sala exterior de césped artificial, un campo de fútbol-7 de césped artificial, dos pistas de pádel de cristal, una sala multiusos, vestuarios, oficinas. Recientemente se ha incorporado un completo gimnasio en una de las salas del complejo, aumentando considerablemente la oferta deportiva y de uso de la instalación.

Actividades: Escuela municipal de tenis, pádel, baloncesto, fútbol, aeróbic, mantenimiento, pilates, musculación, gimnasia rítmica, judo y bádminton. Inaugurado el 1 de julio de 2005. Las pistas de tenis se inauguraron el 30 de junio de 2005 y las de pádel el 10 de septiembre de 2006.

<u>Complejo Deportivo Municipal de Corrales</u>

Cl Talleres, s/n

21120 Corrales (Huelva)

Tfno./Fax : 959490312

7 - OTROS DATOS

Información de interés:

Corrales se comunica por carretera con Huelva capital a través de la A-497, con el resto de las provincias de la Comunidad Andaluza, a través de la autopista de V Centenario, (A-49) y con Portugal (E-80).

Línea de Damas M-300 - HUELVA-CORRALES-BELLAVISTA-ALJARAQUE

Estación de Autobuses DAMAS

Distancia de Corrales: 7 Km. Av. de Portugal, 9 CP: 21002

Teléfono: +34 959 256 900

www.damas-sa.es

Estación de ferrocarril de Huelva

Distancia de Corrales: 8 Km.

Av. Italia s/n - C. P.: 21001

Tel. +34 959 245 614 | +34 959 246 666

Reservas nacionales: +34 902 240 202

Reservas internacionales: +34 934 901 122

Estación de ferrocarril Sevilla Santa Justa

Distancia de Corrales: 115 Km.

Tren AVE (Alta Velocidad Española) que enlaza

Sevilla y Córdoba con Madrid.

Av. de Kansas City s/n – C.P.: 41007 Sevilla

Información y reservas de billetes: +34 902 240 202

www.renfe.es

Puerto de Huelva

Distancia de Corrales: 4 Km.

Avda. Real Sociedad Colombina Onubense - C. P.: 21001

Tel. +34 959 49 31 00

www.puertohuelva.com

Aeropuerto de Sevilla

Distancia de Corrales: 131 Km.

Ctra. Nacional IV Madrid-Cádiz Km. 532 - C.P.: 41020

Tel. +34 954 44 90 00

www.aena.es

Reservas nacionales: +34 954 672 981

Reservas internacionales: +34 954 672 981

Aeropuerto de Faro

Distancia de Corrales: 107 Km.

8001-701 Faro

Tel. +351 289 800 800

www.ana-aeroportos.pt

Ayuntamiento de Aljaraque

Pza. de Andalucía nº1 - C.P.:21110 Aljaraque - Huelva (España)

TEL: +34 959 316 323 - FAX: +34 959 316 255

sac@ayuntamientodealjaraque.es

Consultorio Médico de Corrales

C/ San José s/n

21120 CORRALES Huelva

Teléfonos:

Consultorio: 959524517

Urgencias 902505061

Teléfono 959490220
Cita Previa 959490220
Emergencias Sanitarias **061**
   Concejalía de Urbanismo
Avda. de La Estación, nº 2
C.P.: 21120 Corrales.
Tel.: 959 31 70 20 | Fax: 959 31 83 88
email: urbanismo@ayuntamientodealjaraque.es

Información Bibliográfica

_Cuenca López, José María; Morillas Alcázar, José María; Molero de los Santos, María Elena. *Tesis Doctoral: El patrimonio Industrial Minero de Corrales en Aljaraque: Catalogación, Propuesta de Protección Urbanística y Modelo de Difusión Didáctica para la Enseñanza Primaria Obligatoria.*. 01/06/2013.

_Garrido Morillo, Ramón; Carvajal Gómez, Domingo Javier. *Notas sobre el patrimonio minero del sur de la provincia de Huelva. Congreso Internacional sobre Patrimonio Geológico y Minero, Huelva: Una apuesta por el desarrollo local sostenible*

_González Vílchez, M. *Historia de a arquitectura inglesa en Huelva.* 01/01/1981.

_Paz López, José Antonio de; Paz Sánchez, José Juan de. Aljaraque Corrales. Instalaciones mineras de Corrales. 103-106.

_Paz Sánchez, José Juan de. El muelle de la compañía de Tharsis de Huelva.

_Tharsis, Sulphur and Copper Co. Ltd. *Reglamento de régimen interior de la Compañía de Azufre y Cobre de Tharsis Limitada.* 01/01/1966.

Información documental

_Archivo Histórico Provincial. Archivo Histórico Provincial de Huelva, *Libros de Registros de Asociaciones del Gobierno Civil de Huelva*, 2013.

_Instituto Andaluz del Patrimonio Histórico. Marta Santofimia Albiñana; María Elena Molero de los Santos, *Proyecto Patrimonio Industrial de Andalucía. Casino minero de Corrales en Aljaraque, Huelva*, 2013.

AGRADECIMIENTOS

A todas las personas, de mi familia, amigos, compañeros y vecinos, que han creído desde siempre en este nuevo proyecto, que hoy comenzamos, y al que hemos denominado "Corrales. Guía Rápida", una vez, dedicado a seleccionar algunos de los datos e información de Corrales, mi querido pueblo de adopción, de los que he tenido el privilegio de disfrutar al ir recopilando, todas las fuentes utilizadas, tanto de carácter bibliográfico, de archivo, como de transmisión oral, aportada por entrevistas facilitadas con algunos de los verdaderos protagonistas vivos, de aquella época, una tarea comenzada desde hace más de una década, y que aún perdura.

Y en especial quiero agradecer a nuestro nuevo patrocinador La Tiendecita. Pues la primera edición que hoy sale a la luz, tiene un carácter promocional, puesto que ha sido encargada y patrocinada por *La Tiendecita*, situada en la calle San José número 28, muy cerca y en la misma cera del Mercado Municipal de Corrales.

Un abrazo ENORME para tod@s.

¡Salud y Ánimo!

Diego Molina Ruiz

SOBRE EL AUTOR

Diego Molina Ruiz es ante todo uno de los nuevos vecinos de Corrales, que se declara un verdadero fan, de su nuevo pueblo de adopción: Corrales. También se siente muy contento y orgulloso, de poder tener la oportunidad de contar y divulgar todas éstas cosas genuinas de Corrales, como un corraleño más.

Como ya hemos señalado, el autor disfruta con el hecho de ir recopilando, todas las fuentes utilizadas, tanto de carácter bibliográfico, de archivo, como de transmisión oral, aportada por entrevistas facilitadas con algunos de los verdaderos protagonistas, que han podido conocer gran parte de aquella época.

Compagina desde hace más de una década, las labores de escritor y editor de libros, con su trabajo para el Servicio Andaluz de Salud y como profesor de la Universidad de Huelva.

Nota del Autor

Para poder atender cualquier consulta relacionada con el presente libro o bien con su contenido, quedo en todo momento a disposición de todos los lectores en la siguiente dirección de correo electrónico:

diegomolinaruiz@gmail.com

Edición impresa en papel y ebook disponible en:

www.amazon.com y www.amazon.es

Diego Molina Ruiz

Título de la obra: Corrales Guía Rápida v.1.0
 Serie: Promo – Patrocinador: La Tiendecita, Corrales (Huelva)
Editado por Diego Molina Ruiz
TODOS LOS DERECHOS RESERVADOS, respecto a la presente edición, por
DIEGO MOLINA RUIZ © 2015
Edita: Molina Moreno Editores
molina.moreno.editores@gmail.com
Primera edición: 16 de Noviembre de 2015
Autor de la obra: Diego Molina Ruiz
ISBN-13: 978-1519342416
ISBN-10: 1519342411
Diseño de Portada e ilustraciones: Diego Molina Ruiz